山河永定

——石景山的故事

石景山区西部建设办公室 编
（石景山区西山永定河文化带管理委员会）

化学工业出版社
·北京·

内容简介

《山河永定——石景山的故事》围绕西山永定河文化带"六张文化名片",以邮差马爷爷从青年到老年送信路上的所见所闻为线索,将石景山的标志性文化遗产串联起来,讲述石景山悠久多彩的时代故事,展现石景山"山水文城"的独特魅力,进一步释放西山永定河文化带的文化内涵和价值传承。

《山河永定——石景山的故事》可供少年儿童及传统文化、历史故事爱好者阅读。

图书在版编目(CIP)数据

山河永定:石景山的故事/石景山区西部建设办公室(石景山区西山永定河文化带管理委员会)编.——
北京:化学工业出版社,2023.6
ISBN 978-7-122-43355-8

Ⅰ.①山… Ⅱ.①石… Ⅲ.①石景山区-地方史 Ⅳ.①K291.3

中国国家版本馆CIP数据核字(2023)第072846号

设计排版：邱琳权　　　插画绘制：朱一鸣　郭家玮　李茜
统筹策划：郭燕鹏　　　策划、编写：李子欣　李佳琪

责任编辑：丁建华　李若昕　　　装帧设计：刘丽华
责任校对：宋　玮

出版发行：化学工业出版社（北京市东城区青年湖南街13号 邮政编码100011）
印　　装：天津图文方嘉印刷有限公司
787mm×1092mm 1/12 印张6　　字数 150千字　　2023年6月北京第1版第1次印刷

购书咨询：010-64518888　　　　售后服务：010-64518899
网　　址：http://www.cip.com.cn
凡购买本书,如有缺损质量问题,本社销售中心负责调换。

定　　价：88.00元　　　　　　　　　　　　　　　　　　　版权所有　违者必究

前言

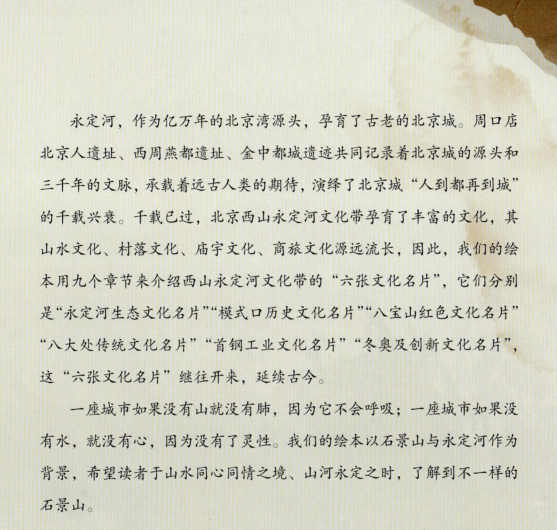

　　永定河，作为亿万年的北京湾源头，孕育了古老的北京城。周口店北京人遗址、西周燕都遗址、金中都城遗迹共同记录着北京城的源头和三千年的文脉，承载着远古人类的期待，演绎了北京城"人到都再到城"的千载兴衰。千载已过，北京西山永定河文化带孕育了丰富的文化，其山水文化、村落文化、庙宇文化、商旅文化源远流长，因此，我们的绘本用九个章节来介绍西山永定河文化带的"六张文化名片"，它们分别是"永定河生态文化名片""模式口历史文化名片""八宝山红色文化名片""八大处传统文化名片""首钢工业文化名片""冬奥及创新文化名片"，这"六张文化名片"继往开来，延续古今。

　　一座城市如果没有山就没有肺，因为它不会呼吸；一座城市如果没有水，就没有心，因为没有了灵性。我们的绘本以石景山与永定河作为背景，希望读者于山水同心同情之境、山河永定之时，了解到不一样的石景山。

石景山区西部建设办公室
（石景山区西山永定河文化带管理委员会）

目录

第1章	与马爷爷相遇	02
第2章	走进模式口	08
第3章	情系"八大处"	14
第4章	八宝山的故事	22
第5章	远古的痕迹	28
第6章	古河道记忆	34
第7章	今昔"河"处	38
第8章	又见"花干档"	42
第9章	首钢大变样	50

第1章　与马爷爷相遇

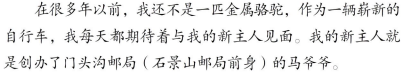

一天能挣5毛钱，终于能养家了！

在很多年以前，我还不是一匹金属骆驼，作为一辆崭新的自行车，我每天都期待着与我的新主人见面。我的新主人就是创办了门头沟邮局（石景山邮局前身）的马爷爷。

模式口村那些上了年纪的老人，每每提起马爷爷，都会赞赏地竖起大拇指。

和马爷爷的第一次相遇，是在1938年的春天，那个时候他已经是正式邮差了，并且得到了中华民国邮政总局的嘉奖，要知道，那时候他成为邮差才短短不到一年时间。

1937年，马爷爷还不是马爷爷，大家都管他叫小马。18岁的小马经人介绍参加了信差考试，考试及格后，他便成了一名一天能挣5毛钱的临时邮差。

小马的人物原型马爷爷于1937年通过信差考试，并于1940年受邮政总局的委派，在门头沟的圈门创办了门头沟邮局，这个邮局就是石景山邮局的前身。

要是有一匹骆驼也行啊!

该不会是钞票吧!是谁寄给家里的家用吗?可不能弄丢了!

小马没有马。那个时候的邮差是没有马匹配给的,就更别说自行车了,自行车对于当时的人来说是很奢侈的物品。那时战事不断,邮路常常被切断,北平邮界以内大部分属于山岭地区,居民稀少,小马就肩扛着大大的邮包,靠着两条腿往返于城区和溪谷之间。邮路上,冬天寒风凛冽,夏天又常常遭水淹,风吹日晒的,我遇见他的时候,他脚上的水泡已经变成了厚厚的老茧,已经不疼了。

很快,他就遇见了邮差生涯中的第一个挑战——送一封地址失效的信。小马掂了掂信封,似乎比往常的信件要沉。一封其他邮差都避之唯恐不及的无人认领的信件,他却天天揣在兜里。他透过信封研究了很久里面装的是什么,想来想去,他觉得里面装的应该是钱!

那个时候，大家过得都不好，钱对于一个家庭来说，能让人吃饱饭甚至能救命，他决定，一定要找到这个收信人。

谁知道他的这个决定也改变了我的人生轨迹。

模式口的龙形古道上，商客云集，驼队传出阵阵驼铃声，店家迎来送往，客人络绎不绝。他一边一户一户打听着这封信上署名为"李文氏"的收信人的下落，一边将这封信收在贴身的口袋里，不敢弄丢。功夫不负有心人，有人告诉他，这位"李文氏"一家曾在模式口卖面茶，不知道什么原因，生意不做了，似乎搬到了很远的地方。

这户人家早就不在模式口卖面茶了，听说搬到了丰台那边。

新中国成立前,北平的森林因为历史上的砍伐几乎消失殆尽,山地裸露,又时常伴随大风沙,没有遮挡的毒日头和大风沙都不是邮差们最怕的,他们最怕的是邮线上缺水。

"这里生意不好做,听说去怀柔了,你得去怀柔找。"

他追寻着渺茫的线索,凭着推测的方向走了一天一夜,他渴得嗓子冒烟,最后好不容易见到一户人家,就跟人讨水喝。那个老乡正忙着修驴蹄,就不耐烦地指指屋前的水坑,他一看,水坑里就剩水底了,浑浊的泥水,澄不出清水,上面还漂着鸡毛。可是他太渴了,没办法,只好蹲下身去用手捧起泥汤喝,他后来给我讲这个故事,我真的难以忘记。好在那次他打听到,"李文氏"家的面茶生意不好做,已经举家搬走了。

秋去冬来,转眼到了寒风刺骨的冬天,他忍受着凛冽寒风,一路边走边找……

终于,他找到了这封无人认领的信件的收信人。"李文氏"是面茶店老板的母亲,她当着小马的面拆开信封,原来,信封里并不是什么救命的钞票,而是老姐妹托人寄给她的鞋底绣花的纹样,厚厚一大摞,她眉开眼笑,爱不释手。

在填饱肚子和活命都成问题的时代,一封封书信,一件小小的绣花纹样,就像生活里的一束束光,像是吹散雾霾的清风,将人生的阴霾一扫而空。

马爷爷在不到一年的试用时间里,便在战乱中开辟了两条新邮线,当有邮路在战事中被切断时他也奉命去接通,南口、古北口都留下了他的足迹。后来,马爷爷还开辟了丰台到怀来的"丰沙线"。

由于工作成绩显著,小马很快受到了嘉奖,并被转为正式邮差,还加了薪水。

而我，作为他辛勤工作的奖励，也光荣出场啦！我成了他的工作伙伴！一时间，他成为很多人羡慕的对象。然而，他觉得我太贵重了，舍不得骑，只好推着我送信，遇到不好走的路还把我扛在肩上，搞得他更累了。看他这副模样，我感到又着急又好笑。

> 真是的……
> 不会骑，更累了……

直到有一天，他为了送信追赶一列火车，终于肯骑上我飞奔了，我用尽全身力气，也想要好好表现一把，没想到我们竟然真的追上了那列缓缓加速的火车。当他把信交到收信人手里时，那一刻我们都放松了下来，这时我们才突然想起来，他根本就不会骑自行车啊！我们摔倒在地上，列车的尾部危险地划过我崭新的身躯，在我的身上留下了一道疤，他心疼坏了，决心好好学骑车。之后，我们成了很好的搭档，他一分钟也离不开我了，再也没有让我受过伤。

这就是我与马爷爷相遇的故事。

现在想来，真怀念他那时扛我的力气啊！

其实，马爷爷的正式邮差生涯结束于1943年。由于那年日本人参与了邮局的管理，马爷爷不愿当汉奸，便从自己创办的邮局不辞而别，回到模式口村设邮筒帮人代寄信件、卖邮票，建立了十里八乡的第一个"代邮点"。

第 2 章 走进模式口

我们最常去送信的地方是模式口。那里店铺多、骆驼多、建筑多、故事多，我们登山、望远、探古寺、访民宅，在繁荣的古商道静思古今，陶冶心神，所以那里也是我们最爱去的地方。

老舍先生在《骆驼祥子》里就写道："磨石口是个好地方，往东北可以回到西山，往南可以奔长辛店，或丰台；一直出口子往西也是条出路……他为兵们这么盘算，心中也就为自己画出一条道儿来……"说的就是模式口优越的地理位置。

模式口的历史最早可以追溯到战国时期,到了明清时期,这里已成为京西重镇。古道东接京城,西通塞外,既是京西古商道,也是一条军事要道。古道上,农耕、打石、采煤、编篓、驼运维系着往日的繁华,街道两旁各类作坊、大小店铺鳞次栉比,五行八作无所不有。古道形似游龙,沿街一路走去,就像在游龙背脊蜿蜒匍匐。街道上商贾云集,驼队迤逦而行,古道两侧寺庙、墓地众多,商号民宅林立,法海寺、承恩寺、田义墓,以及保存完好的清代四合院都是让人流连其间的好去处。

"磨石口"是"模式口"以前的名字,说到"磨石口"名字的由来,有一个有趣的故事:在很多年以前,这片地区还很荒凉,村子靠着石头山,石头山上有漫山遍野的石头。靠山吃山,用山里的石头磨出的镰刀不仅割草快,茬口还特别整齐,于是村民们分工合作,采石、凿石、销售,让自产的磨刀石远销外地,随着村子因磨刀石名扬天下,村名也改为"磨石口"。

(蓟县)西北三十五里,磨石口镇,千总镇焉。
——《光绪顺天府志·地理志》

明清时期,模式口村就是镇级的行政聚落,并且派千总加以镇守。村子原有围墙环绕,沿街有四个门洞,门上为谯楼,有军士把守。现在门洞均已坍塌损毁,不复存在了,只留下部分墙基。

过街楼

模式口龙形古道历史上曾有四座过街楼，第一座位于今天的"京西古道"附近，第二座位于承恩寺山门西侧，第三座位于今天过街楼遗址处，第四座位于古道西侧150米处，今时今日，第四座过街楼两侧的墙基依然保存完整。

我们总是穿过一座座过街楼去送信，你们没有听错，不是"一座"，而是"一座座"。通常，一个地方要建过街楼，只会建一座，但模式口大街上，从东往西一口气建了四座，上面既没有塔，也没有供奉神像，更奇怪的是，在过街楼的二层建筑上，四周筑有高墙，四面高墙上均有射击孔，每个过街楼的二层建筑，都被设计成中空，在四周，有条石砌筑的约一米宽的长方形过道，在过道的围拢下形成天井。

当年守军在此守卫，那些守军在过街楼上既可以向四外观望，又可以对过街楼下进行立体化控制，建造时还可以节省大量建筑材料，每当我们路过这里，都会感叹它独具匠心的设计格局。

"法海寺的木工，承恩寺的地工，田义墓的石工。"说的就是模式口三处各具特色的明代遗迹。过街楼的排布是旧时村中承恩寺、法海寺、田义墓的地界标志。

承恩寺

承恩寺，位于模式口大街东部，历来有"不受香火、不做道场、不开庙门"的"三不"之说，一座有碉楼和上马石的寺庙，神秘得让人浮想联翩。模式口是一个"藏风纳气"的风水宝地，也是寺庙选址的首选，可这里是临街的要冲之地，与"深山藏古寺"的规矩格格不入，又不受香火，这于情于理也讲不通。这都因它与皇家保持着密切的关系，清代礼亲王家族祭祖往来都在承恩寺落脚，承恩寺后殿还有礼亲王家的三间房，礼王府来人就住在那里。所以，承恩寺是礼王府的家庙的说法广为流传。

承恩寺布局奇特，尤其是寺中四角所建的碉楼、寺内四通八达的地道以及宽敞的后院等，都是极为少见的。

曾有大胆的人偷偷到承恩寺东北角的那座碉楼底部考察，进了戍楼后往下走是黑乎乎的石阶，每磴足有半尺高，约十几级。究竟地道有多长，多大呢？据传说，1922年第一次直奉战争时，奉系张作霖曾在承恩寺地宫里储存过枪支弹药，撤退时，从地宫里拉光枪支弹药足足用了半天之久。

不同于承恩寺的神秘莫测，法海寺则凭借"五绝"闻名于世。鸟瞰法海寺，红墙黛瓦，古树参天，一派皇家风范，其寺内保存的明朝中期罕见的精美壁画，堪称中国古代壁画艺术宝库。留传世间的彩绘，只是法海寺的"五绝"之一。在山门前百米处，有一座石桥，石桥架于深涧之上，石桥面为青石造，桥的东西两侧有四棵对称生长的柏树，以树根托举桥面，原桥面中腰拱起，这就是著名的"四柏一孔桥"。寺内大雄宝殿东西两侧前的两株古白皮松，树龄千年。而铸于明正统年间的青铜梵钟重达两千多斤，高近两米，钟体内外皆铸有梵文经咒，意为"穿破黑暗、直驱光明"。在大雄宝殿内三世佛上方的屋顶上，还嵌有三个巨大的藻井，这三个藻井天盖上所绘的曼陀罗是法海寺建筑中独具特色的名贵遗存。

法海寺

壁画、古白皮松、青铜梵钟、曼陀罗藻井和"四柏一孔桥"被称为法海寺的"五绝"，而法海寺则凭借其"五绝"闻名于世。

自古，北京西山一带多有宦官行踪，留下了许多很有特色的古代遗迹。它们都有以下共同特点：都与宦官有关；反映了明代石刻的精湛技艺。田义墓石刻就是其中优秀的代表。

> 田义墓是一个宦官墓群，在大宦官田义的墓穴周围，还散落着一些从明代到清代的宦官墓地，这些墓地的主人生前都敬佩田义的品德，愿意长眠在他的周围。它是北京地区唯一保存完整的宦官墓地，也是我国目前保存下来比较完整的一座宦官墓园。田义墓始建于明朝万历年间，位于模式口村西翠微山南麓，其建筑及石刻大部分保存完好，石刻艺术精巧细腻，故事图案丰富、生动，具有很高的艺术价值和观赏价值。

除了承恩寺"探险"、法海寺祈福赏钟，去田义墓看石刻故事曾是我们最爱的消遣。

与明代很多臭名昭著的大宦官不同，田义拥有被后人称颂的好名声，其中广为流传的当属"田义涎唾沈一贯"的故事：万历年间，皇帝突然病重，便传下遗言，让沈一贯废止矿税，这对于百姓是好事，不久后，皇帝的病突然好了，便想要收回废税的遗诏。这时田义站了出来，他为民请命，直言进谏希望皇帝不要收回废税圣旨，这让皇帝十分生气，甚至想杀了田义，可田义不为所动，而在场的沈一贯则十分害怕，见皇帝动怒，赶快上前将还没来得及发出的废止矿税的圣旨交给皇帝，田义看到这一幕感到很失望，于是当场气愤地唾弃了沈一贯。田义的这个举动，改变了人们对宦官善于阿谀奉承、见利忘义的刻板印象，体现了田义为民请命、刚直不阿的一面。

田义墓

《明史通俗演义》赞扬田义道："不期太监中，也有此人，其名曰义，可谓不愧。"

石景山区启动模式口大街修缮改造后，先后完成了南小街试点、模式口大街和法海寺路两廊、菜市场路、法海寺东街等市政工程，实现了架空线入地整治、沿街房屋外立面修缮的目标，模式口公园的开放，使街区风貌得到显著提升。2021年9月，模式口历史文化街区开街，与其同期亮相的还有沿街景观节点、精品院落和众多店铺，古寺变身博物馆，老街飘出咖啡香。现在，经改造的模式口大街融多种业态于一身，成为北京西山永定河文化带上的新地标。

近百年的时间一晃而过。现在，过街楼、承恩寺、法海寺、田义墓历风霜不倒，经过规划整合、修复重建，它们同鳞次栉比的民居、商铺、百年老宅一起见证古道的新生，曾经驼铃声声的煤道、车马不息的商道已悄然间旧貌换新颜。南来北往的商旅过客已都成为过眼云烟，新的游人往来不绝，模式口大街上还多了一些新的建筑，中国第四纪冰川遗迹陈列馆就是其中的一员。总之，这里古今齐聚，故事多到讲也讲不完……

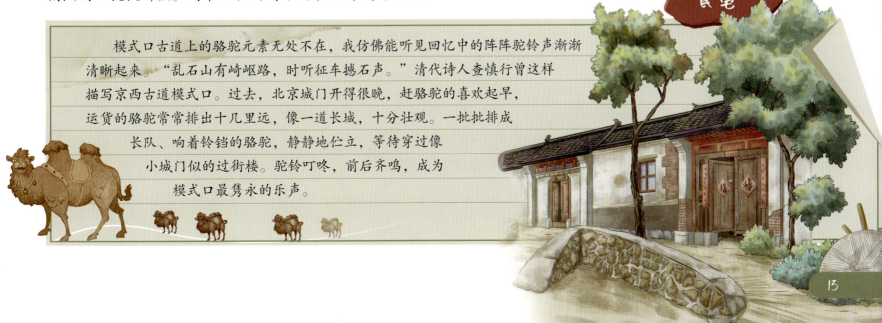

模式口古道上的骆驼元素无处不在，我仿佛能听见回忆中的阵阵驼铃声渐渐清晰起来。"乱石山有崎岖路，时听征车撼石声。"清代诗人查慎行曾这样描写京西古道模式口。过去，北京城门开得很晚，赶骆驼的喜欢起早，运货的骆驼常常排出十几里远，像一道长城，十分壮观。一批批排成长队、响着铃铛的骆驼，静静地伫立，等待穿过像小城门似的过街楼。驼铃叮咚，前后齐鸣，成为模式口最隽永的乐声。

第3章 情系"八大处"

那是1940年春天,小马受邮政总局的委派,在门头沟的圈门创办了门头沟邮局(石景山邮局的前身)。

一天,小马要送一封寄到八大处的信,出发前,小马像往常一样做爬山的准备,但我早已经激动不已,因为我听说"八大处"可不只是个爬山的地方。

想着，我不由得加快了速度，两轮飞转，八大处好像眨眼间就到了。

在石景山区的西山里，藏着历史悠久的八座古刹，因此得名"八大处"。它三面环山，三山之中有八刹，八刹之外有十二美景，故有"三山、八刹、十二景"之称。

长安寺背倚青山，立于山顶。山顶巨石突兀，远望形如虎头，故名"虎头峰"。仰观虎头山，怪石嶙峋，犬牙交错，犹如一只头北尾南、昂然张开巨口的猛虎。其峰裸露的岩层呈青黛色，高达数十米，岩下为成片的松林，岩倚松，松托岩，卓然叠翠，傲对群峰，形成八大处难得的一大景观——"虎峰叠翠"。

春风一树万千枝，一色成林树万千，八大处的春天以"春山杏林"之美为最。当春之日，山泛绿色时节，虎头山下，枝干粗壮的杏树已经饱孕花蕾，沐浴在春光里的八大处，像巨笔涂抹出的一幅色彩缤纷的油画，明丽清新。

春山杏林

收信人是灵光寺的一名小和尚，我们从山下出发，一路往上。这时，有一个人骑着毛驴，从远处向我们晃晃悠悠地走来。

此人正是田树藩，自隐居八大处柳溪山房以来，历经三载寒暑，逸游于西山之间，终于撰写出《西山名胜记》，大受读者欢迎，成了民国著名旅行家。一番谈论后，田先生竟愿意送我们去灵光寺。在路上，满腹经纶的田先生向我们分享了八大处的美景和故事。

> 《西山名胜记》初版刊于1935年，大受读者欢迎，是研读西山名胜的珍贵历史文献。这部书分为四章，第一章便是"八大处"。"八大处"一章分为七篇，先述三山，再讲八刹、十二景，顾及二十七别墅以及与八大处有关的营生，记录内容丰富，笔触简约生动。

"当……当……当……"

从远处传来寺庙的钟声，声音清脆，响彻云天。绿树掩蔽的八座古刹犹如北斗七星多了一颗，高低有致，参差错落。

我们跟着田先生，先返回西山饭店，从旁边上山，不一会儿，就到了灵光寺。我们将信交给小和尚，继续往上走去。

出灵光寺后门，翻过一个山涧，就到了翠微山上的三山庵大殿前的水云石自然天成，水泼之后，瞬间变身，水墨成趣，真不愧是大自然的杰作。

我们站在挂有"翠微入画"匾额的敞轩处，上瞰下俯，眺望"香山杏林"，万千杏林花蕾绽放，一团团、一簇簇喷香吐艳，势如春潮奔涌，形成一片高居山间、世间罕见的花的海洋，虽然远在十公里外，仍能瞻望到那飘舞在山间的"杏花仙子"。

此后，田先生与小马约定常常见面，赏景言欢

虎峰赏杏艳阳天，
一色成林树万千。
落瓣纷纷飞降雪，
徘徊四顾似神仙。
——田树藩

尽管邮局的事务繁忙，可小马还是主动包揽了"八大处"所有的信，每隔一两天，小马就会到"柳溪山房"找田先生，两人一同送信，一同赏景，田先生带小马把八大处转了个遍。

令我们印象深刻的是最为奇特的长安寺，它传承了明代建筑的风貌，又与古刹庙宇相映成趣，幽静深邃；观音殿前的两株白皮松铅白如霜，南北两园的两座清代高僧塔记述了古寺的古老和沧桑。在最为隐寂的大悲寺里，有出自元代雕塑大家刘元之手的香砂十八罗汉塑像，它们让大悲寺名扬天下。还有最为清幽的龙泉庵，佛道交融，泉水甘洌；因清末"锄月老人"的一首"甜水歌"，传唱京城，名闻遐迩。在龙池前观看龙头出水，悠远绵长的泉水声，现在仿佛仍不绝于耳。我们还到过布局严整、规模宏大的香界寺，明仁宗曾为它改寺名、更山名，清代的康熙、乾隆两位皇帝都多次驾临；还有最为诡秘的宝珠洞，洞中曾经有桂芳和尚肉身，与天泰山魔王和尚并称"前山鬼王，后山魔王"；还有最为传奇的证果寺，卢师收服大小青龙的传说流传千年，激发不少文人墨客到此赋诗题咏。

烟雨鹃声

雨后山洪

时间过得真快，一晃十几天过去了。

这天忽然下了一阵大雨，雨水自高而下，各道山谷汇集柳溪，奔若野马，形成气势逼人的"雨后山洪"。云雾飘浮在三山之腰，有时凝固不动，有时疾速行走，或自峰后绕于岭前，或从石隙游出升腾，犹如一首流动的诗变换在峰峦之间，这就是"翠峰云断"。

翠峰云断

17

卢师夕照

我们跟随田先生出了宝珠洞南门，沿盘山曲径向上走，来到八大处的最高处。田先生站在翠微峰巅，登高望远，四下环顾，美景一览无余，只见万寿山殿阁如画，昆明湖明镜一方，玉泉塔直竖明烛，永定河蜿蜒如带，望远山绵延不绝，"绝顶远眺"顿觉心胸开阔、心旷神怡。夕阳西下，虎峰翠微日暮，卢师日落独迟，明暗对比，峰影参差，岚光浓淡，如在画中，形成"卢师夕照"的奇特景观。

小马扛着我，田先生牵着毛驴，一起漫步在山道林间，田先生还在介绍着八大处的其他美景，生怕漏掉八大处的任何一处。

绝顶远眺

田先生带我们来到证果寺附近,说:"沿证果寺门前盘道下行,一直走到南面水井那里,你会看见那里树木成林,高大参天,茂密异常,特别是在日出时分,'高林晓日'就会出现,金色的阳光洒满东坡林梢,清新的林气布满优雅的环境,四周明暗浓淡层次分明,别有趣味。"

我们把长安桥、翠微桥、绿板桥、同济桥和万善桥都走了一遍,它们都是当年较有名气的桥,每当皓月当空,我们便把五桥作为标记,或南跛,或北往,逐渐与"五桥夜月"融为一体,行走间,玉盘横斜,银辉遍洒,脚下流水淙淙,耳畔清风习习。

高林晓日

五桥夜月

小桥步月乍惊秋,四望清虚景更幽。
几处流泉喧石底,一轮明镜水中浮。
——田树藩

田先生还带着我们把观看"水谷流泉"的绝佳地都走了一遍，说："如果是夏天，要看'水谷流泉'，一是三山庵北谷，在三山庵北侧，该谷树木茂密，凉意沁心，泉流有声，清洁无比；二是大悲寺北的'四照谷'，此谷流泉最盛，南北数十丈间均很幽雅，顺水而下，还能看到林长民留下的笔力雄健的石刻呢；三是位于秘魔崖西的秘魔崖谷，此处大石庞然，树木高大，蔚然成林，涧中流泉终年不绝，实为他谷所不及。夏秋之时，这里雨过天晴，游人穿行谷中，空气清新湿润，一呼一吸之间，暑气顿消。还有流水涓涓，绕石而过，'叮咚'之声宛若仙乐，极为动听。"

水谷流泉

深秋红叶

接着，我们又到了南山坡、西山坡以及三山庵背后的山坡上，田先生潇洒地说："待到霜秋之时，三山之上的黄栌、元宝枫等树木的叶子就会变成红色了，从山下蔓延到山顶，色彩斑斓，宛若织锦。深秋一到，枫树、黄栌的树叶经霜变红，连方成片，夹杂其中的柿树叶、黄连木叶也变得或红，或黄，或紫，再配上青松翠柏及各类秋花，远望去，红为主色，七彩交织，万色纷然，那便是'深秋红叶'。"

行走间,田先生怀念地说:"冬天到了,雪后初霁,又能见到'层峦晴雪'了,那时太阳出来积雪却不融化,在阳光的照射下,满目晶光闪闪,玲珑可爱。"

田先生在绘声绘色地讲着,小马在一旁静静地听。这次分别,就不知道什么时候再见了,他要把田先生说的每句话都牢牢地记在心里。

在雨后的漫山遍野里,随处可闻百鸟引颈鸣啼,声音震响林外。杜鹃鸟不分晴雨,不舍昼夜,不时长啼,哀伤送别,阵阵回荡在峰谷林间,动人肝肠。

"烟雨鹃声"里,我们与田先生道别。战火纷飞,那之后我们就再也没有见过他了。

那年的春天之后,我们每个季节都会到八大处,把田先生说的美景都看一遍,年年如此。"八大处真美啊!"小马感叹道,我用清脆的铃声回应着他。

层峦晴雪

八大处公园位于北京市著名的西山风景区南麓,是新中国成立后首批北京市文物保护单位,是一座历史悠久、盛名远播、景色怡人的山地佛教寺庙园林。

第4章 八宝山的故事

时光荏苒,小马变成了老马。1962年4月的一天,老马第一次来到八宝山革命公墓,这次是为了送别一个人,那个人叫白振东。

几天前,白振东积劳成疾去世的消息不胫而走,很快就传到了老马的小卖部代邮点。早在1943年,老马因为不愿意为日本人做事,从邮局不辞而别,在模式口村里开了一个小卖部,还在门口装了邮筒,用来代收寄信件,业余邮差的摊子支起来了,一开就是许多年。

这里就是英雄的墓园——八宝山啦!

八宝山

4月细雨纷纷的日子，人们聚集在这个开了很多年的代邮点前，等老马一同去送别往日的"战友"和英雄。

老马同送别的人群肃穆地走进八宝山革命公墓内部，大门前的两只石狮昂然威武，尽显庄严，松柏苍劲参天，气节高凛。众人默不作声，只有细雨飘落到雨伞顶部的沙沙声，老马边回忆新中国成立前与白振东交往的点滴，边观察起墓园的景色。他的视线缓缓向北移去，簇拥在苍松翠柏间的八宝山革命公墓显得格外庄严肃穆。

> 八宝山革命公墓位于八宝山南麓，是1949年在周恩来总理的指示下，选址兴建的一处革命烈士的永久长眠地。它的主体建筑格局由林徽因设计，其西侧院落的明朝古建筑呈南北向排列，错落有致，与一排排仿古建筑相互照应，金黄色的琉璃瓦庄严闪耀，整体雄伟壮观。

他路过一块墓碑，那里埋葬着八宝山革命公墓的第一位"墓主人"任弼时，作为新中国第一批的革命者与开国元勋，任老安息在这里，鲜花环绕；经过一块块墓碑后，老马还注意到另一座被鲜花环绕的墓碑，那是传奇才女林徽因的墓地，很多人不知道的是，林徽因还是八宝山革命公墓主体建筑格局的设计者，由她参与设计的中华人民共和国国徽、人民英雄纪念碑对于中国人民意义重大。当老马怀着敬意，望向不远处贺龙元帅的墓碑时才意识到，安息在这里——八宝山革命公墓——或许是作为新中国开创者与建设者的最高哀荣。细雨婆娑，八宝山就像一位有着很多故事的老者，守护着新中国英雄们的英魂，安抚着每一位生者的哀思。在不知不觉间，老马和众人终于走到一座簇新的墓碑前，上面赫然刻着"白振东"三个字，大家鞠躬送别，抬起头来已是热泪盈眶。

恍惚间，老马的思绪似乎飘回到了那个和白振东相识的年代……

1948年5月，中国人民解放军在东北、华北战场取得节节胜利，国民党当局自知大势已去，打算把北平的一些工厂紧急迁往南方国民党统治区。此时，一直潜伏在石景山钢铁厂的中共地下党员白振东发挥了保护工厂的关键作用。在收到党组织"保护工厂，迎接解放"的秘密指示后，便着手与地下工作者开展了"护厂反南迁"的斗争。行动迅速展开，白振东组织地下工作者一边做执行南迁人员的思想工作，以保证护厂斗争顺利进行，一边广泛发动工人怠工，拒绝拆移机器设备。白振东在组织工人群众的过程中，不止一次地高呼："和平幸福的生活，是我们自己争取来的，我们只有团结起来斗争，别无其他出路！"白振东带领工人们在厂内的高炉各处张贴了"反对南迁，保护工厂""中国共产党万岁"等标语，表明坚决反对工厂南迁的态度。在白振东的号召下，钢铁厂工人们"解放北平"的呼声越来越高，运动情绪高涨，制造设备包装箱的工人停止工作，负责拆迁设备的工人则扔下工具，纷纷守在机器旁保护设备。

> 当时北平解放在即，国民党反动派决意要将厂内有价值的设备悉数拆除，全部运往南方，以达到留给人民政府空壳工厂的险恶目的，这次"护厂反南迁"的斗争，就是要保留厂内的重要工业财产，迎接解放军进城。

"都说你正直热情,熟悉石景山的情况,同我们一起参与护厂斗争吧!这辆自行车可以帮我们传递情报!"白振东说服老马同他一起参与了之后的护厂斗争。

在整个反南迁斗争中,传递情报是至关重要的一环。白振东和其他地下工作者一起搜集石景山钢铁厂的工厂规模、人员结构、敌军武器装备及驻守位置等情报,并想方设法将这些情报传递出去。可是,在"如何把情报安全迅速地送出城"的问题上,白振东犯了难,好在多年的斗争经验,让他想起了小卖部的老马,而我也为这场斗争出了力。我们的友谊也就是在这时候建立起来的。

经过白振东等地下工作者的努力,被派来拆迁机器的工人不仅转变了立场,还和其他工人日夜守护在机器旁,严防破坏,迎接解放。在中共地下党组织和工人群众的坚决斗争下,加上解放军迅速入关,包围了平津,国民党当局南迁机器的企图彻底破灭了,这次护厂斗争取得全面胜利!石景山钢铁厂的发电机、送风机等重要设备全部完好无损地保留下来,回到了人民手中!

1948年12月17日凌晨1时,石景山地区解放。不久之后,北平和平解放,后来老马就再也没有见过白振东了。

> 新中国成立,百废待兴,他一定是又有新任务了!

那这些年白振东去哪儿了呢？

1949年2月4日，中共北平市委在宣武门内北大街召开了原北平全体地下党员会师大会，白振东被邀请参加了大会，还与北平市委书记彭真合影留念。新中国成立后，白振东担任了中共中央直属修建办事处工作队队长，北京市第六建筑公司监察室主任、技术监督科科长，还参加了人民大会堂的建造……

要像咱们建设人民大会堂那样认真对待一砖一瓦！

老马和送行的人们在白振东的墓碑前站了许久……八宝山革命公墓每一处墓碑背后，都有着一个个鲜活的爱国故事，老马想要数一数到底有多少个墓碑，但太阳出来了，阳光照射在一座座墓碑上，有些晃眼睛。这时，有人提议以后每年的这一天，都要来这里给英雄扫墓。老马应和着，大家纷纷往山下走。

从此，像安眠在这里的其他红色忠魂一样，白振东的墓碑前总是摆满了鲜花。

八宝山革命公墓是一部实体的中国社会历史进程的百科全书，是民族精神与国家荣誉的象征之地。这里有丰富的红色资源和深厚的历史积淀，是目前国内规格建制最高、声名最为显著的园林式公墓，里面长眠着我国已故的开国元勋、革命伟人、科学家、文学家等。现在，八宝山革命公墓正日益成为激发爱国热情、传承红色基因的重要场所。

第5章 远古的痕迹

在20世纪20年代，我国地质研究刚刚起步，大大晚于欧美。一些欧美专家到我国考察后浅尝辄止，武断地下结论：中国没有第四纪冰川。而这个所谓的"定论"，也在欧美国家的主导下，堂而皇之地载入了世界地质史册，但当时年仅30岁的李四光却不以为然，在他接下来的人生中，孜孜不倦地用实践来论证"第四纪冰川学说"，驳斥上述不负责任的观点。

新中国刚成立不久,老马的小卖部恢复了往日的热闹。一天,一个老乡找到老马,需要老马将一封收信人为"破裤子教授"的信亲手交给收信人,热心肠的老马想也没想就答应了。

这时,在模式口村北翠微山上,正进行着一项重大的地质发现:当时,为了解决北京城市的水源问题,北京市政府决定修建永定河引水渠,地质学家李捷在勘测的过程中,发现了一块带有划痕的石头。作为地质学家,李捷意识到这块裸露出地面的基岩很不一般,那上面的划痕很有可能就是苦寻已久的第四纪冰川擦痕。随后,他立即向李四光汇报。

李四光在接到报告后,专程带领一队地质工作者赶往模式口村北的永定河引水渠,在引水渠东北侧低矮的小山脊上,专家们认真地进行了勘察研究。那些奇怪的石头,有的像西瓜,有的像磨盘,还有一块带有明显磨光面和划痕的岩石,想必这就是那块带有疑似第四纪冰川擦痕的基岩,李四光一下子就被这块特别的岩石吸引住了。

一连串的疑问冒出来,李四光立即带领一众研究人员考察了这一带的地形地貌,面对南北倾斜的山麓基岩凹地,李四光久久审视东南小山坡上裸露着的一片辉绿岩,它们是中生代侏罗纪火山喷发后形成的,二三百万年前庞大的西山冰川从这片基岩表面缓缓流过,站在这里仿佛还能听到那脚步沉重的回声。

之后的几天里,李四光专注在确定模式口第四纪冰川擦痕的工作中,潜心勘探,披星戴月,不放过每一座山峰和谷地。每天在野外认真地做完研究后,李四光还会将冰川擦痕漂砾带回实验室内做标本,反复比对,甚至到了废寝忘食的地步,却不知在他家附近还有一名邮差正等着他亲自签收信件。

> 李四光作为地质部部长,创立了"第四纪冰川学说",不断吸纳国内优秀的地质人才,在论证"第四纪冰川"学说的这些年里,他带队深入太行、云贵等山区实地考察,陆续找到证明中国第四纪冰川学说的相关依据。

老马沿途一路打听,过了几天仍然未果,似乎只剩下"拉横幅"一个办法,能让那位繁忙的"破裤子教授"主动联系自己。"破裤子教授!这里有您的一封信"的条幅挂到了教授家门口。过了几天,李四光竟然主动联系了老马。

> 李四光去野外观测时,总爱往裤子口袋里装各种各样的岩石标本,时间一长,裤子口袋就被磨破,露出大洞,慢慢地,大伙都爱叫他"破裤子教授"。

在李四光的邀请下，老马第一次来到地质勘探现场，正当酷暑，太阳最毒的时候，只见李四光头发凌乱，满头大汗，裤子上还破了一个大洞，他正蹲在地上举着放大镜，像在欣赏珍宝一样地端详着岩面。

李四光忽然兴奋地抬起头，向其他身边的研究人员高兴地大声说道："反复确认过了！从基岩擦痕来看，是第四纪冰川遗迹，确信无疑了！"

李四光目光扫过老马，见老马一脸不解，便指着一块石头，耐心地讲解道："你看！这块石头与众不同，虽然它的基岩已经有些风化了，但在岩石表层还是能发现很多有规律的形状，它们上宽下窄，呈钉头鼠尾状，擦痕圆滑，划刻方向和山体走向一致，这完全符合第四纪冰川擦痕的样子！我们终于证明了中国有第四纪冰川了！"

听完李四光慷慨激昂的一段话，随行的考察队成员再也按捺不住激动的心情，聚到一起相互庆贺。这次模式口第四纪冰川擦痕的发现，向全世界提交了驳斥"对中国地质偏见"的有力证据。

模式口冰川遗迹的发现，彻底推翻了西方学者关于"中国除了西部及西北部高山地区现今仍有冰川以外，从未得到冰期冰流现象到平地的证明"的偏见，对未来我国关于古气候、古生物研究以及对周口店北京人生活的自然状态、对华北平原的沉积物的研究都具有重大意义。

基岩破碎但有明显的刮削刻划痕，擦痕呈钉头鼠尾状，划刻的方向与山体倾斜方向大体一致，为典型的冰川擦痕。

冰川擦痕面特点

在二三百万年以前,我国的模式口、庐山、太行山等地区还是一座座巍然耸立的冰山,那里的积雪终年不化,山间分布着一条条长长的冰川,从山上直挂山腰,又延伸到山麓。冰川缓慢向前移动,沿途携带的岩块、砂泥用巨大的力量铲削着侧面和底部的岩石,在移动到雪线时,伴随一阵巨大的轰鸣声,整座冰川轰然倒下,随之融化不见,留下了这一道道封存着百万年前记忆的冰川擦痕。这样壮观的中国第四纪冰川景象,如果能亲眼见到,该是多么震撼人心啊!

中国第四纪冰川的壮观景象

中国第四纪冰川遗迹陈列馆

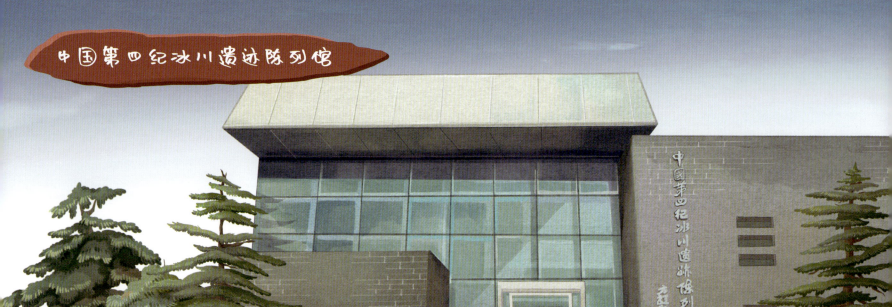

1989年，为了纪念爱国科学家李四光先生一百周年诞辰，石景山区政府与地矿部共同在模式口冰川遗迹旁边，建立了世界上第一座第四纪冰川遗迹陈列馆——中国第四纪冰川遗迹陈列馆。馆内所收藏和展出的藏品以第四纪地质时期为主，其中冰川擦痕是北京西山冰川遗迹中不可复制、不可取代的文物资源。

这些年来，马爷爷一直收藏着刊有1954年李四光确定了模式口冰川擦痕报道的报纸，每次想到当年的经历，他总是自豪地说："我也算得上是半个模式口冰川擦痕的见证人！"

第6章 古河道记忆

你们见过永定河上的"恶开河"吗？

我见过！

在某个春天的夜晚，一夜之间，石景山至卢沟桥段的河床底下发出阵阵轰隆声，接着，像被埋设的一长串炸药被点燃，河面爆破开来！爆炸由远到近，又由近及远，积蓄已久的威力将巨大的冰块抛向高空。之后，飞腾在空中的冰块又被抛到三五十米远的岸边，这个时候，原本冰冻如镜的河面在很短的时间内变成冰凌。冰凌被流淌的河流载着涌向下游，冰块也随着汹涌的河水被冲到岸边，它们在岸边层层叠起，堆积成山。紧接着，河中巨大的浮冰撞毁桥墩，冲走桥板，而后呼啸而去……这震撼而危险的景象，在过去常常上演。1956年之前，我常常陪老马去麻峪村送信，我们立在安全地带观看这样的奇景，感叹柔情似水的母亲河也有如此贞烈的一面。老马推着我沿河而走，冰块在我们身边绽放，我们却总能有惊无险，似乎是有河神庇佑。我要讲的故事发生在1956年，那年夏天的一场洪水差点夺走我们的性命，但万幸的是，那天出现了很多"河神"，这让我们感激至今……

俗谚云："恶开河，年景丰；善开河，害虫多。"

自从新中国成立后在永定河上修建了一系列水库，尤其是修建了三家店拦河闸之后，"恶开河"的现象就再也没有发生过。

恶开河

麻峪村

麻峪村是京西有名的古村、大村,坐落在石景山区的西边。村子沿永定河而建,近似长方形,就像是永定河飞出的一朵浪花,它紧傍永定河东岸,坐落在扇形北京湾的"扇把"上。

1956年8月初的一天,老马受人之托,去麻峪村一户人家送布包裹。天空乌云密布,已经连续下了很多天的暴雨,趁着雨势有变小的趋势,我们清早就出发了,可半路上雨势越来越大,老马虽然披了雨衣,但内里早已经湿透,雨水灌进了我的铃铛,铃铛艰难地发出声响。凭借经验,老马认定包裹里是一件乐器,若是乐器,就可能是急用,婚丧嫁娶哪样离得了乐器?老马怕误事,越骑越快。等快到麻峪村的时候,看到眼前的景象,我们惊呆了:永定河河水猛涨,黑云暴雨笼罩下的麻峪村,已不复我们记忆中的景象。

先说说那天前,我们记忆中的麻峪村吧。

那里街巷纵横,阡陌交错,鸡犬相闻,石屋瓦舍,袅袅炊烟,店铺旗幌在风中摇曳,摊贩叫卖此起彼伏。人们在这里比邻而居,日出而作,日落而息,善良朴素勤劳的村民们还利用永定河恩赐的丰富资源,治河固堤,架桥铺路,淤地造田,开渠灌溉,设摆渡,制冰窖,享受着母亲河的馈赠。

我们最喜欢来这里送信,当我们登上卧牛山鸟瞰麻峪村时,那里的老庙古塔、名木古树比比皆是,而自高望去,整个村子都浓荫遮蔽,几乎看不到街巷、院落,可鸟叫蝉鸣却能不绝于耳,自然和谐,一派生机。我们还爱在永定河边停留,看村民们戏水、溜冰、捕鱼,无论春夏秋冬,无论清晨黄昏,大河岸边欢歌笑语总是不绝于耳,男女老少都乐在其中。

> 永定河是北京城南北境内最大和最古老的河流，也是汇入海河的最大一条河流。石景山"左临帝都，右绕长河"，这"长河"就是永定河，河水出西山呈扇面流向东南，经千万年便淤积成了北京小平原，这就是"北京湾"。

我们望着桥下滚滚的河水，埋头往村里走，打听到收信人正在"十二家地"干农活，我们便往"十二家地"赶去。永定河里浊浪滔天，激流中家具、牲畜、瓜果等翻滚浮荡，从我们眼前漂过。眼见洪水已经漫过村南小学校河堤了，我们看见一群人正紧张地奋力挖掘小学校操场的泥土，将它们装入一只只麻袋。那是一群抢险的石景山区机关干部职工，他们正试图用装满土的麻袋增高堤坝。可谁能想到，我们深一脚浅一脚，好不容易到了"十二家地"，刚将包裹交到他的主人手里，准备返回小学校抢险的时候，洪水就将"十二家地"团团围住了。我们与在河西"十二家地"干农活的32位村民一起被困在了这里！

你不知道的事：

新中国成立后，每年上汛期间，石景山区防汛指挥部都要在麻峪村开展迁移演习，直到1995年永定河从根本上彻底治理后才停止哟！

随着洪水的包围圈一点一点缩小，时间一分一秒流逝，一天一夜过去了，远处的一些景物逐渐消失在我们的视野里，饥饿、恐慌不断袭来。

正在我们就要失去信心时，一架飞机为我们投送来救命的食物，不久，海军官兵也来了，经过惊险的救援，我们全部平安无事。抢险成功了，洪水最后没有淹没小学校，村里南部农户的耕地也都保住了。

每当回忆起那晚的惊险场面，还有救命恩人的脸，我都感慨万千。

多亏了他们！

正当我们感到绝望的时候，当时的社主任李尚清、工作组老常、村支书老邢等人已经将险情紧急汇报给了区政府。时任石景山区区长的李玉明同志高度重视，他冒雨赶到了麻峪，察看险情后，立即向彭真市长做了电话汇报，请求紧急救援。在彭真市长的调度下，我们才能有惊无险。

第7章 今昔"河"处

作为北京的"母亲河",这些年来,永定河一直处在不断的治理中。石景山段建设了莲石湖,莲石湖的积水面106公顷,相当于昆明湖大小,它与上下游的门城湖、宛平湖一起恢复了河流生态系统,这之后,永定河周边生态环境更是得到持续提升,治水固堤,植树增绿,那样的大水,真的随着我们的回忆远去了。

在石景山西南部,有一座永定河休闲森林公园。这里原是永定河畔的一片荒滩废坑,被改造后,园中栽植的花卉、树木种类繁多,错落有致,三季有花,四季常青。人们在这里赏花观湖,感受母亲河带来的平和与安宁,就像永定河从来不曾泛滥、干涸一样。漫步于园中,永定河的故事像是散落在银河的星辰,娓娓道来,比比皆是。

公园门口,"镇水牛"的石雕作仰天长啸状,似在呼唤同伴。曾经有一尊黑铁牛静卧在庞庙村,每当永定河河水暴涨时,黑铁牛便会发出"嗡嗡"的巨大吼叫声,提醒下游的人们大水来了……

> 我是镇水牛!
> 我还有一个表哥住在颐和园!

镇水牛

> 清代的鄂尔泰曾用一首诗感慨道:"无定河名古,南流自北京。恍疑天上落,不肯地中行。无事智方大,穷源季可并。禹谟原可继,永永庆功成。"这首诗表达的是如果能把永定河治理好了,就应该功盖大禹了。

新中国成立后，在永定河畔从卢沟桥以上至麻峪段，曾有6次分段大规模修筑左岸河堤的记录，后来，又陆续修建了两岸堤坝，形成了今天的河湖景观！

"镇水牛"石雕的不远处，是"十八磴"。这段古堤，由十八层花岗岩大条石垒砌而成，条石厚达半米，形成了十八层斜坡的磴状阶梯，"十八磴"由此得名。它是永定河上现存最古老最坚固的一段堤岸。数百年来，"十八磴"顶惊涛，迎骇浪，铁骨铮铮，屹然矗立，见证了前人治理永定河的辉煌业绩。站在"十八磴"前，绿草掩映，杂花生石，裸露于地表的八层石阶似乎还在与人讲述永定河的治水传奇。

这里真美，我要在这安家！

大河波涛汹涌，往事跨越千年。如今，永定河再也没有泛滥过，真正完成了古人的夙愿。

从20世纪90年代开始，相关部门开始整治三家店以下永定河道的生态功能退化的问题，通过优化调动水资源，增加了河道蓄水，形成溪流、湖泊、湿地和亲水景观，还增加了陆地植物、水生植物，现在，周边生态焕然一新了！

十八磴

海棠谷

海棠花语有"游子思乡"之意,散落在各处的乡愁汇聚在永定河边,改头换面的砂石坑花团锦簇,让人一时间忘了沧海桑田。

循香而行,会有一处烂漫的低洼地——"海棠谷"。这里原来是一个8米深的砂石坑,改造后,地势微缓的谷底种满了海棠,西府海棠、垂丝海棠、贴梗海棠、八棱海棠、北美海棠争相斗艳。沿谷看花,花亦看人。

永定河休闲森林公园环抱了永定河的其中一段水域，而与永定河休闲森林公园相隔一条马路的，便是北京冬奥公园，作为永定河的另一段所在，北京冬奥公园也将古老的永定河变为自己的一部分。为更好地服务保障北京冬奥会、展示奥运文化，石景山区整合莲石湖、永定河休闲森林公园、永定河左岸公共空间，建成了北京冬奥公园，这让永定河石景山段大放异彩。在整合了永定河沿线八个公园后，北京冬奥公园的面积是奥林匹克森林公园的近两倍，在那里，老人带着孩子在水边玩耍，慢跑的年轻人也随处可见。

北京冬奥公园最大的亮点之一，非跑马路线莫属，它的42公里的滨河马拉松路线，是北京市首条全封闭跑马路线。

2022年2月2日，冬奥会圣火传递给了科技领域一位特殊火炬手——水陆两栖机器人。水陆两栖机器人手持燃烧着的火炬，沿冰壶赛道旋转滑入冰洞口，随着机器人不断下潜，冬奥火炬点亮了北京冬奥公园的冰下水世界。

与此同时，明清时期的古堤"十八蹬"等历史资源也得到了保护和利用，回到公众眼前。随着永定河水系一点点恢复、苏醒，古河道正在焕发新生！

我们老了，但永定河不会老，它焕发着青春的活力流淌而去，带走了它曾经发怒的样子。守护母亲河的，和那晚解救我们的，是同一群人，他们是我们永远不会忘记的"河神"。

第8章 又见"花十档"

时光荏苒，转眼到了1983年。退休后的老马时常想起儿时的"太平歌会"。一听说秉心圣会的"太平歌会"要打起锣鼓重开张，老马辗转难眠，儿时目睹的"太平歌会"盛况仍旧历历在目。

"太平歌会"，是"秉心圣会"的一档表演内容。清雍正年间之后，受各地花会的广泛影响，"秉心圣会"的十种表演内容就已经逐渐确立下来，这便是"花十档"，可以说，"花十档"是"秉心圣会"的主要表现形式。

这年的妙峰山庙会破例在农历三月十五开始。这天，老马特意起了个大早，他要去找记忆中"太平歌会"的"武扇"玩角——外号"花花公子"的郝殿银合影。"武扇"又称"公子"，是太平歌会十二个玩角中的核心人物。

秉心圣会

秉心圣会是从最初的香会发展而来，香会是民间祭神修缮的自发性组织，又称为"善会""圣会"。一个香会必须经过一百年，才可改"圣会"为"老会"。

郝殿银演"公子"可称一绝，一是因为他能把扇子舞动得眼花缭乱；二是因为他唱功好，有"铁嗓子赶年儿"的美名；三是因为他功夫好，高跷功夫深，曾踩着高跷下过石景山上南天门的台阶。

"秉心圣会"重出江湖，让老马欣喜若狂。"秉心圣会"自明代万历年间开始走会，四百多年来，在石景山庙会、妙峰山庙会的众多花会中独树一帜，享誉京城。每年的大年初二和农历四月十一，欢快的高跷锣鼓响彻村庄的每一个角落，长长的花会队伍边舞边跳，一路行进七十余里，直到妙峰山。老马随着人群在古香道上行进，古香道上与老马摩肩接踵的信众，人山人海观看表演的观众，都是冲着"秉心圣会"的"花十档"表演来的。

> 2006年6月，"秉心圣会"正式列入首批《北京市非物质文化遗产保护名录》，遗产编号：48。

> "例于每年三月之望，为古佛成道之期，远近村民、绅商学界、善男信女焚香顶礼者络绎塞途，感灵祈福者争先恐后……诚为一方香火极盛之寺也。"
>
> ——富察敦崇《燕京岁时记》

　　老马想着想着，不知不觉已随着一众香客和看热闹的人到达了慈善寺。

　　慈善寺曾是京西香火极盛的寺庙之一，那时，上香、游玩的人络绎不绝，踩高跷、唱落子的也来此走会。这天，老马又看见了梦中儿时的庙会盛景。

慈善寺与花会

> 慈善寺是旧时京西著名的庙会所在地之一，也是京西古香道从香山至妙峰山的必经之路。从清乾隆年间起，各路花会等大型民间集会都会在慈善寺举行。

一声声喝彩中,"花十档"精彩亮相,老马期待地盯着"花十档"的表演队伍,等着第五档"太平歌会",盼着能在高跷上见着郝师傅的风姿………

不知热闹了多久,十二位"太平歌会"的玩角终于上场了,高跷足有一米四之高。这时,

一位玩角亮嗓了,这声音既高亢又熟悉,让老马的心颤了一下,赶忙顺着行进表演的高跷腿往上看,那声音像是要穿透云层。"像是郝殿银唱的!"老马激动地想。

第一档——灵官旗

用白布做成的三角形大旗,上面画有一锯齿獠牙的神像,手执钢鞭,做开路状。

第二档——拢筐

两人各挑一副拢筐,顶端的四角绑着四面挂着小铃铛的三角拨旗,上面写着"秉心圣会"字样,两个挑拢筐的表演者代表哼哈二将,寓意护驾。

这会儿他总算挤到了人群的最前面，寻找着郝殿银的身影，可老马细看来，这声音脆亮的后生虽丝毫不逊色记忆中的郝师傅，却根本不是郝殿银本人。

令老马感到惊喜的是，"太平歌会"的玩角们个个技艺高超，扮相生动逼真，伴随着锣鼓四件的伴奏，玩角们蹲裆、切跟斗、倒腰子、跳蝎子、别黄瓜、斗鱼、搭象楼，一一亮出看家本事……

第三档——钱粮筐

四只钱粮筐里面装着香蜡纸码和行头，带黄边的布围上画有琵琶、镲、蛇、伞。扛着四只钱粮筐的表演者，分别象征着四大天王护驾，他们的法器暗含"风、调、雨、顺"之意。

快看！这功夫可了不得！

表演叫好声一阵盖过一阵，锣鼓声却不甘示弱，这天的玩角，唱念做打，个个都身怀绝技似的，看得老马如痴如醉，在心里大呼过瘾。"快看！这功夫可了不得！"有人喊道。

"好！好！"围观的人群中有一个精瘦的老者卖力地叫着好，声音洪亮，一双蒲扇似的大手不住地鼓着掌。老马总觉得这人面熟，不过香会嘛，有些人年年都在，有熟脸不稀奇。

紧随着这位老者的视线，老马发现早先亮嗓的那位"公子"简直是个全活儿，扮相也俊，丝毫不逊当年郝师傅的风采，每个人的表演他全会似的。只见一名文扇演员故意将一条手帕丢在地上，那位神似郝师傅的"公子"利落一翻身，一个摔叉落在地上，待他捡起手帕后，竟一点一点从地上悠了起来。观众叫好声不绝于耳，老马却直勾勾地盯着这位"公子"细细打量，因为他突然记起，从前郝殿银的绝活，不就是这个么！

第四档——石锁会

石锁象征娘娘庙的门锁，寓意把守门户。石锁会分为武场和文场，武场用石锁表演，文场据说为梁山忠义堂所传，鼓点八套，铿锵有力，如珠玉落盘。

第五档——太平歌会

十二个玩角，包含山精水怪、各类传奇人物、梁山好汉、家族姻亲等角色。演员们脚踩高跷，手持道具，口唱太平歌，高跷脚踏下画着祥云，象征这些角色既能腾云也能驾雾。

第六档——龙旗排棍

热闹的"太平歌会"后，是威严的"龙旗排棍"带着热闹的"中军""四执"经过人群，他们为第九档"娘娘驾"开路，直到写着"秉心圣会"会名的"督旗"飘带从老马眼前飘过，宣示着"花十档"的尾声已尽。老马顾不上喝彩，又在人群中转了一圈，直到高跷玩角们走远，督旗也消失于他的视线外，这才确定郝师傅不在里面，那这位名声在外的"花花公子"去哪了？

第七档——中军

两个唢呐、一对小镲、一个手鼓构成由四个人演奏的乐队。

第八档——四执

四面大铜锣，由四个人击打开路，意为调动香道上的千军万马开道。

第九档——娘娘驾

男孩捧着的是"娘娘驾"代表"娘娘"本尊，它由底座和木板组成，形如中国传统文化中的祖宗牌位，上书"天仙圣母碧霞元君之神位"。

黑布做成的三角形大旗，旗面上绣有北斗七星，飘带上写着"秉心圣会"的会名。

第十档——智旗

虽然慈善寺庙会热闹非凡，香火鼎盛，但老马却没去上香，他决定在寺里转转，平复一下刚才的喧嚣。山门外的东山坡和寺后北山坡上，冯玉祥将军当年留下的阴文楷书石刻至今保存完好，仿佛提醒着前来参观的游客什么……

寺中一个刻有"1790"字样的日晷仰望着天空，用指针与罗马数字见证着光阴的流逝，这种有着罕见制式的日晷，像是宫中之物，但为何置于京城西山的慈善寺中，众说纷纭。

老马走啊走,山坡上姿态各异、神采飞扬的罗汉崖石刻吸引了老马的视线,老马认真地数着罗汉的数量,却和一个老者撞了一个满怀。这正是刚在人群中叫好声音最大的老者。

老者笑盈盈地说:"别数了,加上你,就是十八罗汉了!"

老马一边道歉一边试着向老者打听:"不好意思撞到您了,您今儿见着郝殿银师傅了么?"那个老者望着老马,问:"你找他做什么?"

老马连忙解释道:"我打小爱看石景山的太平歌会,郝师傅的功夫了得,好多年没见着他了,想趁着太平歌会跟他合张影……"

那个老者哈哈大笑起来,笑声像是要把云穿透了,老马这才猛然认出来,面前的这个人,不就是郝殿银师傅嘛!

"咱俩还是有缘,你一找,就找着了。"郝殿银师傅剥了瓣橘子送进嘴里,将另一半递给老马,"这橘子是我徒弟给的,他们今天够辛苦的……也够争气的。"

郝殿银师傅说完,若有所思地看着山下的人群……

"太平歌会"后继有人,老马朝郝殿银竖了竖大拇指,又摩挲摩挲自己花白的脑袋,大拇指是竖给今天那些后生们的,"花十档"里生机盎然的锣鼓器乐声似乎还在脑海里回荡,就像会在石景山这地界、在永定河这河边永远回荡下去。

49

第9章　首钢大变样

新世纪到来了，马爷爷成了人们记忆中的"老马"，而我被重铸成一个金属骆驼摆件，也有了新的主人。听小主人说，首钢园里有一块叫"元宇宙"的神奇地方，那里可以穿梭古今，见到任何想见的人。我能再次见到马爷爷吗？

"出发吧！"

小主人开心地将我放进书包，我也高兴地在书包里翻了个跟头。当我悄悄从书包里探出头，才发现我们早已穿过首钢园区的新东门，乘坐在一辆会说话的无人驾驶汽车上。看着窗外既陌生又熟悉的首钢，我差点叫出声来："首钢大变样了！"

在我的记忆中，首钢园像是一个"小王国"，我常常看到成群结队的工人骑着自行车鱼贯地涌入东门，开始一天的工作，而到了黄昏，伴随着广播里振奋的音乐声，下班的人群便陆续从东门走过，欢声笑语久久不散。之所以说从前的首钢园像一个王国，是因为厂区里食堂、剧场、幼儿园、医院、副食店一应俱全，工人们的生活、工作、理想全在这里，对于很多首钢人，这里就是他们的一生。我透过无人驾驶汽车的窗户往外看，想寻找记忆中的机器轰鸣、钢花四溅的红色钢铁海洋，可窗外的首钢既熟悉又新鲜，熟悉的是现在的房屋大都保留了老厂房的样子，新鲜的是现在的首钢里处处遍布着科技元素、现代化气息和冬奥的痕迹，既宏伟又年轻。

不知什么时候，无人驾驶汽车停了下来，小主人兴奋地跳下车，向一个红蓝相间的"高空步道"跑去。

"等等我！"

还没等我滚下座位，无人驾驶汽车的门却关上了。

2022年，冬奥会在北京落下帷幕，石景山区开启了"双奥之区"的新篇章，曾经的"钢铁巨人"在经历了从"火"到"冰"的华丽转身后，成为新时代首都城市复兴的新地标，向世界递交了一张金名片。

首钢高线公园

"请您系好安全带。您现在看到的是'首钢高线公园',它距离地面约14米,全长约3公里,行走在高空步道上,您可以将石景山、群明湖、冷却塔、高炉等景点尽收眼底。"

我连忙抬头看,此刻的首钢高线公园在温暖光线的映衬下像一条透亮彩虹。

窗外的世界像钢铁的森林,首钢巨大的工业遗存纷纷在我眼前划过,而无人驾驶汽车载着我在这钢铁密林间游走,这些熟悉又陌生的街道、路牌让我感到眩晕,还好无人驾驶汽车一路都在为我讲解。我们沿着群明湖大街的方向一路向前,经过了牌楼、甬道、观景楼、石拱桥,群明湖畔的钢铁建筑与湖心的中式仿古景观群古今相映,相得益彰,这样矛盾又和谐的景色倒映在湖水中,像是一场大型钢铁装置艺术展,别出心裁。

"这还是群明湖吗!"我不禁发出惊叹。

路过五一剧场,一片中国红的外墙将我的记忆拉回到曾经的精煤车间。这里是为了卸煤方便,在钢铁厂专门建造的一个像火车那么长的车间,而现在这里变成了国家体育总局冬季运动训练中心。

冬训中心

国家体育总局冬季运动训练中心,建筑面积5万余平方米,由冰球馆、冰壶馆、花样滑冰馆、短道速滑馆组成,人称"四块冰"。场馆的设计保留了老厂房的超长空间和梁柱结构。

无人驾驶汽车一路行驶,我不敢乱跑,只希望它能回到原点,将我载回与小主人分别的那一站。这时,一个庞大的钢铁巨人覆盖了我的所有视野,是三高炉!

群明湖

群明湖原是首钢工业系统的冷却池。经过改造,这里不仅成为了一处水质清澈的人工湖,更是成为了一处优美景观。

"这座巍峨挺立的三高炉是当年首钢的'功勋高炉',对国家钢铁产业的发展贡献十分巨大,是北京乃至全国近现代工业发展的缩影。"无人驾驶汽车自豪地继续介绍说,"三高炉是首钢的标志性建筑,是首钢老厂区冶炼体系中最典型的一条生产线。"

我望着三高炉,欣喜地说:"三高炉,好久不见!"

三高炉也仿佛认出了我,它饱含深情地望着我,却没有回答。不过,我突然看见了一个熟悉的身影,是我的小主人!他的身影出现在三高炉的观景台上!三高炉高达100多米,小主人似乎正在俯瞰园区,着急地寻找什么。

我高兴地冲他喊道:"我在这里!我在这里!"

三高炉

这里已经变成集文旅、展馆、体育于一身的产业园区了!

无人驾驶汽车

可无人驾驶汽车没有停留，继续带着我向一个巨大的"水晶鞋"驶去。令我惊讶的是，在这个充满工业风的园区里，竟有座建筑像一道飞虹，倾斜而下。

我认真地听着解说，这时门开了，一双大手伸了过来，是园区的工作人员。这双大手将我放到首钢文创商店的橱窗里就走了。在首钢文创商店，我还是第一次见到这么多文创品，有包含新首钢八景元素的徽章、书签、T恤，还有首钢研发的特色首钢饮食系列的首钢汽水、高炉雪糕等，更让我眼花缭乱的是这里还有很多其他金属朋友：冰箱贴、记忆杯、钢制明信片……它们都是被重铸的具有首钢特色的文创产品。原来，那位工作人员误以为我跟它们一样，都属于这个商店，于是把我交还了回来。

"看！这个骆驼真神气！"一双陌生的小手将我从货架上拿了下来，两只圆溜溜的眼睛将我左右端详。

"它是我丢的！"一个熟悉且着急的声音出现了，是我的小主人，他追寻着那辆无人驾驶汽车的路线找到了我。

"我们再也不分开了！"小主人小心地将我捧在手心，开心地说道，拔腿就往外走去。

趁天还没黑，我们该去"元宇宙"找马爷爷了！

> 这就是冬奥史上第一座与工业旧址结合再利用的竞赛场馆——首钢滑雪大跳台。滑雪大跳台是2022年北京冬奥会北京赛区唯一的雪上项目比赛场地，赛后成为世界首例永久性保留和使用的滑雪大跳台场馆。

> 我们都是来自自动驾驶体验区的无人驾驶汽车，我们聪明又安全，不信来比赛吧！

自动驾驶体验区

小主人带我坐上另一辆无人驾驶汽车，由它载着我们一路来到1号高炉的"超体空间"——原来这就是"元宇宙"！

虽然我不知道那里是什么地方，但是在那里，我不仅见到了年轻时候的马爷爷，还见到了骆驼祥子、田树藩、李四光、白振东，我们逛了庙会，为"花十档"的玩角们喝彩，还看到了当年在大水中救我们的恩人。我和马爷爷、自行车和邮差还是像以前那样无拘无束地送着一封又一封信，一会儿和过街牌楼下牵骆驼的人打招呼，一会儿又和田先生游历八大处，曾经的首钢钢花四溅，冰川碾过玄武岩，千百万年来的点滴浮现在眼前。

"元宇宙"是人类运用数字技术构建的，由现实世界映射或超越现实世界的，可与现实世界交互的虚拟世界。1号高炉的"超体空间"是一个将VR/AR技术和工业遗存结合的国际文化科技大乐园，在这里可以让未来世界触手可及，拥有一次虚拟和真实的双重互动体验。

时间的长河奔腾不息，古老的永定河重焕勃勃生机，一座座房屋变成高耸的空中大楼林立在河畔边，人们搭乘着飞行汽车高速驰骋在立体交通道路上的未来景象，我至今还记忆犹新。那一刻，我们置身于一场视觉、听觉、触觉全方位的石景山奇妙之旅，模式口、八大处、永定河、八宝山、首钢的故事悉数重现，虚实结合的神奇体验让我们惊叹不已。可这到底是什么呢？

　　天渐渐暗下来，历经百年沧桑的首钢园灯火通明、美轮美奂，首钢滑雪大跳台渐变的灯光神秘梦幻、光彩夺目，照亮了石景山的这片历史夜空。一座首钢园，半个石景山，我和马爷爷曾经一同见证了石景山人的悲欢离合与经济的腾飞，我为此感到骄傲自豪。

　　"咱们回家吧！"小主人心满意足地对我说，他的双手将我捂得温热。听见他这句话，我仿佛听见马爷爷在对我说："接下来的新石景山，你就同他一起见证吧……"

到了首钢我们还可以去哪？

始建于1919年的首钢园，一直是中国钢铁产业发展的代名词之一。首钢园区占地面积863万平方米，它以"高端产业综合服务区"的定位作为园区发展新思路，成为一起向未来首都城市复兴的新地标！快帮我拍张照！

首钢厂东门

首钢厂东门曾是人们进出首钢的主要通道，它见证了百年首钢艰辛与辉煌的发展历程，不过，现在的新首钢厂东门，是2015年拆除挪移后的，它在原来位置的基础上向西挪移，朝向也由原先的东西朝向改为南北朝向。搬了新家的首钢厂东门与首钢脱硫车间改造厂房、脱硫车间广场形成长安街西延线上一道新的靓丽风景线。

工业咖啡馆

冬奥和冬残奥组委会办公区

这块办公区域由多座工业建筑改造而成，是由炼铁原料区改造而成的工业遗存项目。它集创意办公、配套商业于一体，对原有结构进行修缮和维护，最大程度保留了原有筒仓的建筑风貌。

石景山就在首钢园区内，石景山上残存的古迹遗存均得到了保护和修缮，目前已修缮、复建的有东山门、碧霞元君庙、元君殿、昊天门、天主宫、玉皇殿等。山上的金阁寺始建于晋朝，民间有"先有金阁寺，后有北京城"的说法。山上现存几个北京独有的"石室瘗窟"，其中孔雀洞是北京地区最早的藏经洞。

石景山古建群

> 山上的功碑阁能俯瞰永定河、三高炉，还能远眺妙峰山、电视塔，欣赏"一山一水一城"，是拍摄落日的好地方哦！

工业咖啡馆所在的三高炉干法除尘器罐体主要由容纳除尘布袋的罐体、检修平台和相关放散管道及控制设备组成，它们原有的八个干法除尘器罐体和七层检修平台间形成了强烈的蒙德里安线条和色彩构成的"七横八纵"式的构图，具有很强的工业美学特征。

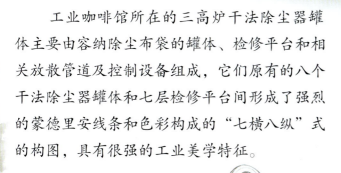

> 我很上相！是拍照爱好者心目中的新"网红"！

新首钢大桥横跨永定河，是北京长安街西延工程的关键节点。它的灯光系统可以组合出平日、节日和重大节日三种模式。

新首钢大桥

画出你心中的石景山

花十档

如果向身边的人介绍"花十档",你会怎么说呢?

如果你的朋友想去首钢园区玩，你会推荐他（她）去哪里呢？简单介绍一个你最喜欢的景点吧。

首钢园区

钟灵毓秀

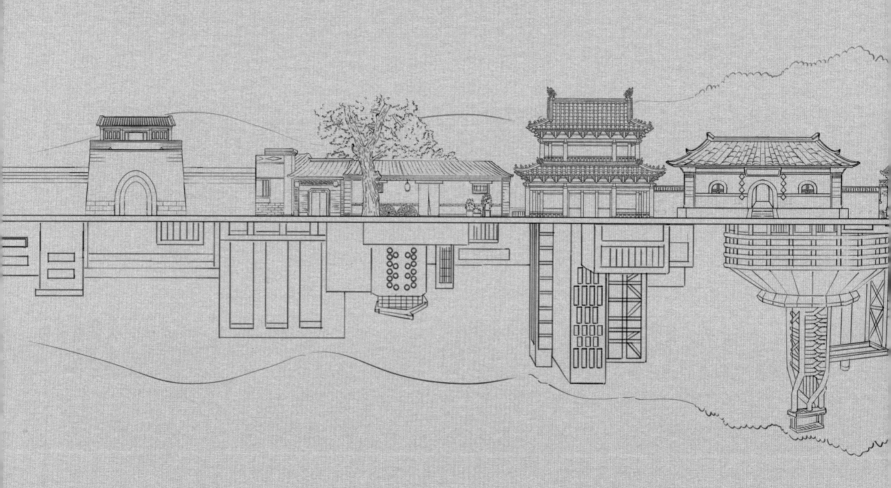